YN EI
GWSG

YN EI GWSG

Bethan Gwanas

Lluniau gan Huw Aaron

atebol

Cyhoeddwyd yng Nghymru gan Atebol, Adeiladau'r Fagwyr,
Llandre, Aberystwyth, Ceredigion, SY24 5AQ
www.atebol.com

ISBN 9781912261307

Dymuna'r cyhoeddwyr gydnabod cymorth ariannol Cyngor Llyfrau Cymru.
Argraffwyd a rhwymwyd yng Nghymru.

Pwy yw pwy?

Dafydd Jones: *y prif gymeriad*
Wmffra: *ei gi*
Sioned: *ei wraig*
Gruff: *partner newydd Sioned*
Mrs Roberts: *hen wraig sy'n byw ar yr un stryd â Dafydd*
PC Davies: *plismon*
PC Edwards: *plismones*

Pennod 1

Roedd gan Dafydd Jones broblem. **A dweud y gwir**, roedd gynno fo lawer o broblemau: roedd ei wraig wedi ei adael; roedd y peiriant golchi wedi torri; roedd **malwod** yn bwyta ei letys ac roedd y car wedi methu ei MOT (eto). Ond roedd gynno fo un broblem oedd yn broblem fawr ers **blynyddoedd**: roedd Dafydd yn cerdded **yn ei gwsg**.

Mae cerdded yn eich cwsg yn gallu bod yn **beryglus**. Mae'n beryglus iawn os dach chi'n byw ar ben eich hun, fel Dafydd. Felly roedd Dafydd yn byw mewn byngalo. A bob nos, roedd o'n cloi y drysau a'r ffenestri – **rhag ofn**.

Pan oedd Dafydd yn chwech oed, aeth ei fam â fo at y doctor.

'Peidiwch â phoeni; mae llawer o blant yn cerdded yn eu cwsg,' **meddai**'r doctor. 'Bydd yn tyfu allan ohono fo.'

Ond wnaeth o ddim. Pan oedd o'n naw oed, deffrodd yn yr ardd **lysiau** drws nesa yn ei byjamas, yn y glaw. Roedd Mr Jones yn flin iawn:

'Mae o wedi **malu** fy moron i!'

Pan oedd o'n ddeg oed, **dringodd** Dafydd i mewn i wely Miss Barnes,

a dweud y gwir – *to tell the truth*	**rhag ofn** – *in case*
malwod – *snails*	**meddai** – *said*
blynyddoedd – *years*	**llysiau** – *vegetables*
yn ei gwsg – *in his sleep*	**malu** – *to destroy*
peryglus – *dangerous*	**dringo(dd)** – *to climb (climbed)*

Daisy Cottage, am dri o'r gloch y bore. Cafodd hi sioc ofnadwy. Roedd ei chalon hi'n ddrwg:

'I could have had a heart attack! And I had palpitations for weeks afterwards!'

Pan oedd Dafydd yn un deg pump oed, aeth i wersylla gyda ffrindiau. Deffrodd ei ffrindiau am hanner awr wedi pump y bore i weld Dafydd yn cerdded (mewn crys-T coch) mewn cae lle roedd **tarw** mawr du yn edrych yn flin iawn, iawn. Wnaethon nhw gyrraedd Dafydd cyn y tarw, ond wnaethon nhw ddim gofyn iddo fo ddod i wersylla eto.

Pan oedd Dafydd bron yn un deg wyth oed, daeth adre mewn car heddlu. Am chwech o'r gloch y bore, roedd y postmon wedi cael ffit. Gwelodd (jest mewn pryd) gorff yn gorwedd ar ganol y ffordd. Dafydd oedd yno, yn cysgu'n sownd yn ei byjamas. Roedd y postmon a'r heddlu yn meddwl ei fod o wedi meddwi. Ond roedd Dafydd – a'r **bag chwythu** – yn dweud na, **diolch byth**. Ond roedd y postmon yn flin iawn:

'Ro'n i bron â gyrru drosto fo! Ro'n i bron â'i ladd o!'

Pan oedd Dafydd yn dri deg oed, aeth i weld y doctor, ond doedd y doctor ddim yn amyneddgar iawn.

'Faint o alcohol dach chi'n ei yfed?'

'Alcohol? Ym ... peint neu ddau ar y penwythnos; *Scotch* **weithiau** o flaen y teledu.'

'Faint o *Scotch*?'

'Dim ond tua ... ym ... dau fys.'

'Bob nos?'

'Na. Dim ond weithiau. Pan fydd y Masters ymlaen yn Augusta.'

---

tarw – *bull*

bag chwythu – *breathalyser*

diolch byth – *thank goodness*

weithiau – *sometimes*

'Y Masters?'

'Dach chi ddim yn hoffi golff?'

'Nac ydw. Gêm i bobl gyda **gormod o amser ar eu dwylo.**'

'Dw i'n anghytuno – mae'n gêm hyfryd ...' Ond doedd y doctor ddim eisiau clywed.

'Rŵan, peidiwch ag yfed alcohol cyn mynd i'r gwely; ewch am fath cynnes yn lle hynny. Ac os dach chi'n dal i gerdded yn eich cwsg, ewch am wersi ioga. Hwyl fawr.'

Felly, fe gafodd Dafydd baned o de gwan yn lle alcohol wrth wylio golff, a bath cynnes bob nos, ond roedd o'n dal i gerdded yn ei gwsg. Aeth i wersi ioga ond roedd o'n syrthio ar ei wyneb bob tro roedd o'n ceisio gwneud y *crow pose* ac ar ei ben ôl bob tro roedd o'n ceisio bod yn goeden. Ond **yn waeth na dim**, roedd ei gorff yn ... wel, yn **gollwng** gwynt wrth wneud llawer o'r **stumiau** ioga. Yn uchel. A phan oedd pawb yn **ymlacio**'n dawel yn y *savasana* ar y diwedd, roedd Dafydd yn cwympo i gysgu, ac yn '**chwyrnu** fel mochyn', meddai merch denau, flin wrth ei ochr. Felly aeth o ddim yn ôl i'r gwersi ioga. Doedden nhw ddim wedi ei stopio fo rhag cerdded yn ei gwsg.

Roedd Sioned, ei wraig, wedi ei adael oherwydd:

'Dw i ddim yn dy garu di ddim mwy.' Ond roedd o'n siŵr bod cerdded yn ei gwsg ddim wedi helpu. Doedd hi ddim yn hapus pan wnaeth o drio glanhau wal y gegin yn ei gwsg – gyda photyn o *fromage frais*. Doedd hi ddim yn hapus o gwbl pan ddeffrodd hi am dri y bore am fod Wmffra y ci yn **cyfarth**. Aeth hi i lawr y grisiau at y ci, a gweld pam ei fod yn cyfarth: roedd Dafydd yn **piso** yn ei bowlen fwyd.

gormod o amser ar eu dwylo – *too much time on their hands*	**ymlacio** – *to relax*
	chwyrnu – *to snore*
yn waeth na dim – *worst of all*	**cyfarth** – *to bark*
gollwng – *to release*	**piso** – *to urinate*
stumiau – *poses*	

9

A bod yn onest, roedd Dafydd wedi piso yn y wardrob hefyd. Fwy nag unwaith. Ac mewn **droriau**. Ac ar y soffa: roedd o wedi codi **clustog**, piso ar y soffa ac yna rhoi'r clustog yn ei ôl. Roedd Sioned wedi bod yn amyneddgar iawn. Yn amyneddgar iawn, iawn. Ond aeth hi'n bananas pan wnaeth Dafydd **afael** ynddi yn ei gwsg, ei chodi a'i **thaflu** ar y llawr. Roedd o wedi **breuddwydio** mai dafad oedd hi, yn bwyta'r blodau yn yr ardd. Ceisio taflu'r ddafad dros y ffens roedd o, ond doedd Sioned ddim eisiau gwybod. Doedd hi ddim yn amyneddgar iawn y bore hwnnw.

Roedd Dafydd yn eitha siŵr bod Gruff, ei phartner newydd, ddim yn cerdded nac yn taflu Sioned ar y llawr yn ei gwsg. Roedd Gruff, meddai Sioned, yn **berffaith**.

'**Mae'n fy nallt i**, ti'n gweld,' meddai hi. 'A dw i'n ei ddallt o. A dw i'n ei garu o. Sori, Dafydd, ond dw i isio ysgariad.'

Aw. Roedd hynna wedi brifo. Roedd Dafydd isio brifo Gruff, ond roedd Gruff dros ei chwe **throedfedd** ac yn edrych fel **Jac Codi Baw** ar steroids, a doedd Dafydd ddim isio mynd i'r ysbyty. Felly ar ôl chwe mis, roedd o'n ddyn sengl eto a bron pob anrheg priodas gaethon nhw gyda Sioned: y llestri Denby i gyd, y peiriant coffi, y Magimix, pob sosban Le Creuset, y cyllyll Sabatier ond hefyd pob clustog, diolch byth. Roedd Sioned wedi rhoi o leia chwe chlustog ar bob cadair a soffa a gwely, ac ro'n nhw'n gyrru Dafydd i fyny'r wal. Dyna pam roedd o'n piso arnyn nhw yn ei gwsg, efallai.

Beth bynnag, doedd o ddim yn **colli**'r clustogau, ond roedd o'n colli Sioned. Diolch byth ei fod o wedi cael cadw Wmffra, y ci. Doedd Gruff

---

droriau – *drawers*	**perffaith** – *perfect*
clustog – *cushion*	**mae'n fy nallt i** – *he understands me*
gafael – *to get hold of*	**troedfedd(i)** – *foot (feet)*
taflu – *to throw*	**Jac Codi Baw** – *JCB*
breuddwydio – *to dream*	**colli** – *to miss*

ddim yn hoffi cŵn. Ro'n nhw'n rhoi rash iddo fo. Ond roedd Wmffra'n caru Dafydd, ac roedd o wedi **maddau** iddo fo am biso yn ei bowlen fwyd.

Roedd byw heb Sioned yn anodd, ond roedd Wmffra yn gwneud i Dafydd wenu bob dydd. Felly roedd bywyd ar ôl yr ysgariad yn ... wel, yn iawn. Na, doedd o ddim yn iawn, roedd o'n **ddiflas**, ond roedd Dafydd yn dod i arfer. **Tan** un bore Sadwrn, chwe mis ar ôl yr ysgariad ...

maddau – *to forgive*

diflas – *miserable*

tan – *until*

Pennod 2

Deffrodd Dafydd yn sydyn. Roedd o'n teimlo'n rhyfedd. O, na ... be oedd o wedi neud y tro 'ma? Edrychodd ar y cloc. Pump o'r gloch. Roedd o yn y gwely, diolch byth, ac oedd, roedd o'n gwisgo ei byjamas, ond roedd rhywbeth yn teimlo'n rhyfedd iawn. Rhoddodd y golau bach ymlaen a chododd ar ei eistedd yn araf. Roedd popeth yn edrych yn iawn, y llofft yn daclus, dim côns traffic ar y carped, dim potiau **planhigion** o ardd drws nesa ar y dreser, dim *fromage frais* dros y waliau. Felly pam roedd o'n teimlo mor rhyfedd?

Yna edrychodd i lawr, a **sgrechian**!

Gwaed! Roedd gwaed dros ei byjamas, dros ei ddwylo a'i draed a dros y dillad gwely.

'O na, be dw i wedi neud?' meddai Dafydd yn uchel. Edrychodd yn gyflym ar ei freichiau, ei goesau a'i fol, ond doedd dim **briwiau**, dim **anafiadau** o gwbl ar ei gorff o. Neidiodd allan o'r gwely a mynd at y **drych**. Ond na, doedd dim anafiadau ar ei wyneb chwaith. Nac yn unrhyw le arall.

'Felly dim fy ngwaed i ydy o,' meddyliodd. 'Ond os felly, gwaed pwy ydy hwn?'

---

planhigion – *plants*	**briw(iau)** – *cut(s)*
sgrechian – *to scream*	**anaf(iadau)** – *injury (injuries)*
gwaed – *blood*	**drych** – *mirror*

Oedd o wedi brifo rhywun – neu rywbeth – arall? Yna, rhewodd:
'Ble mae Wmffra?' meddyliodd gan deimlo'n oer i gyd. Oedd o wedi gwneud rhywbeth i'r ci yn ei gwsg? Rhedodd allan o'r llofft, gan weiddi:
    'Wmffra? Wmffra! Lle wyt ti, Wmffra?'
    Diolch byth, rhedodd Wmffra, y labrador mawr brown, o'r gegin a neidio i fyny arno a **llyfu** ei wyneb. Diolch byth, roedd Wmffra yn iawn, a doedd dim gwaed na briwiau arno. Ond roedd o'n **snwffian** traed Dafydd yn ofnadwy, ac yn ceisio llyfu'r gwaed.
    'Paid, Wmffra, paid, rŵan.'
    Doedd Dafydd ddim yn siŵr be i'w wneud.

---

llyfu – *to lick*

snwffian – *to sniff*

'**Ddylwn i** ffonio'r heddlu?' gofynnodd i Wmffra. Ond roedd Wmffra'n rhy brysur yn snwffian ei byjamas. Felly atebodd Dafydd ei gwestiwn ei hun:

'Na, ddim eto. Ella bod ateb syml i hyn. Ella. Ond dw i wedi gwneud a dweud pethau rhyfedd iawn yn fy nghwsg yn y gorffennol. Dyna pam roedd Sioned isio ysgariad. Wel, un o'r rhesymau.'

Edrychodd o'i gwmpas. Rhewodd eto. Roedd 'na ôl traed **gwaedlyd** dros y carped, a thros y leino yn y gegin. Traed pwy? Fy nhraed i? Rhoddodd ei droed wrth ymyl un o'r traed gwaedlyd – oedd, roedd o'r un maint. **Olion** ei draed o oedd rhain. **Dilynodd** ôl y gwaed at y drws allan. Agorodd y drws yn ofalus. Roedd hi'n fore cynnes ac roedd yr haul wedi codi. Roedd yr adar yn canu yn yr ardd ac yn y coed, ac roedd robin goch tew yn tynnu **pry genwair** bach tenau allan o'r gwair.

Mae bol y robin goch yr un lliw â fy nwylo a fy nhraed i, meddyliodd Dafydd. A dyna pryd welodd o bod ôl traed coch yn glir ar y *crazy paving* oedd yn mynd at y giât fach ac at y ffordd. Roedd yn rhaid iddo ddilyn y gwaed. Roedd yn rhaid iddo gael gwybod be neu bwy, ble a pham.

'Gwell i mi newid o'r pyjamas gwaedlyd yma,' meddai wrth Wmffra, oedd yn snwffian ôl y traed ac yn **ysgwyd ei gynffon** yn hapus. 'Dw i ddim isio i neb fy ngweld i ar y stryd fel hyn.' Ond yna, gwelodd **smotyn** tywyll yn **glanio** ar y *crazy paving* – ac un arall, ac un arall. O, na! Glaw! Roedd hi'n dechrau bwrw glaw! Doedd gynno fo ddim dewis.

'Os ydw i isio gwybod be sydd wedi digwydd, be dw i wedi neud, pam

ddylwn i – *should I*	**pry genwair** – *worm*
gwaedlyd – *bloody*	**ysgwyd ei gynffon** – *to wag his tail*
olion – *marks*	**smotyn** – *spot*
dilyn(odd) – *to follow (followed)*	**glanio** – *to land*

dw i'n waed i gyd, rhaid i mi fynd cyn i'r olion gwaed **ddiflannu** yn y glaw,' meddyliodd. 'Sgen i ddim amser i newid! Does 'na neb o gwmpas i 'ngweld i beth bynnag; ddim am ddeg munud wedi pump yn y bore.'

Gwisgodd gôt law yn sydyn, a stwffio'i draed i mewn i'w welintyns wrth y drws. Pan welodd Wmffra hyn, rhedodd i nôl ei **dennyn**. Eisteddodd gyda'r tennyn yn ei geg yn edrych i fyny ar Dafydd gyda'i lygaid mawr brown, a'i gynffon yn curo'r leino.

'Rwyt ti isio dod i helpu, wyt ti? Iawn,' meddai Dafydd, gan roi'r tennyn yn **sownd** yn ei goler. Roedd Wmffra yn gi eitha hen rŵan, yn naw oed, a'r blew o gwmpas ei geg wedi dechrau troi yn wyn, ond roedd ei drwyn yn dal i weithio'n dda. Os oedd y glaw yn golchi'r gwaed i ffwrdd, roedd trwyn Wmffra yn mynd i fod yn help mawr.

Aeth y ddau allan i'r glaw a **throdd** Dafydd i gloi'r drws.

'Ydy hyn yn beth **call** i'w wneud?' meddyliodd. 'Ydw i'n mynd i **ddifaru**?'

---

diflannu – *to disappear*

tennyn – *lead*

sownd – *safe, sound*

troi (trodd) – *to turn (turned)*

call – *wise*

difaru – *to regret*

Pennod 3

Doedd 'na neb o gwmpas. Doedd Llan ddim yn bentre prysur beth bynnag, ond am chwarter wedi pump ar fore o Fehefin, roedd hi **fel y bedd**. **Ar wahân i**'r adar.

Dilynodd Dafydd ac Wmffra ôl gwaed y traed ar hyd y **palmant** concrit. Doedd hi ddim yn bwrw glaw yn drwm, dim ond yn pigo bwrw. Ond roedd cwmwl mawr llwyd, tywyll yn dod o'r gogledd. Cerddodd Dafydd yn fwy cyflym. Roedd Wmffra **wrth ei fodd**.

'O na,' meddyliodd Dafydd. Roedd y traed yn mynd â nhw **i gyfeiriad** tŷ Sioned, wel, hen dŷ Dafydd a Sioned, lle roedd hi'n byw gyda'i phartner newydd, y **snichyn** Gruff 'na. Y snichyn snichlyd, hyll 'na oedd wedi **dwyn** ei wraig a'i dŷ –

'O na ...' meddyliodd Dafydd yn sydyn. 'Ydw i wedi gwneud rhywbeth i Gruff? Ydw i wedi **ymosod ar** Gruff yn fy nghwsg? O na ...! Mae Sioned yn mynd i fy lladd i! Dydy hi ddim wedi deall eto mai hen snichyn ydy Gruff!'

Ro'n nhw'n agos at dŷ Sioned a Gruff rŵan. Roedd dau gar y tu allan i'r tŷ: Mini glas golau Sioned, a char drud Gruff: Audi TT RS, 0–60 mewn llai na phedair eiliad. Hy! Gormod o arian, meddyliodd Dafydd.

---

fel y bedd – *as quiet as the grave*	**i gyfeiriad** – *towards*
ar wahân i – *apart from*	**snichyn** – *creep, horrible person*
palmant – *pavement*	**dwyn** – *to steal*
wrth ei fodd – *delighted*	**ymosod ar** – *to attack*

Roedd hen Volvo Dafydd yn gweithio'n ardderchog.

Roedd y Mini a'r Audi wedi eu parcio ar goncrit. Concrit! Stopiodd Dafydd yn stond. Gwair oedd yno pan oedd Dafydd yn byw yno, **lawnt** hyfryd, daclus, a blodau rownd yr ochrau; lle aeth rheiny? Lle oedd y rhosod David Austin roedd Dafydd wedi eu **plannu** a'u **tocio**

---

lawnt – *lawn*

plannu – *to plant*

tocio – *to prune*

mor ofalus, mor hir? Lle oedd yr *azaleas* bychain oedd mor dlws yn y gwanwyn, yn goch a phinc ac oren a gwyn? Os doedd Sioned a Gruff ddim isio nhw, pam doedden nhw ddim wedi dweud? Basai Dafydd yn hapus i'w plannu nhw yn ei ardd o!

Roedd dwylo Dafydd wedi troi yn **ddyrnau**. Roedd o mor flin! Oedd o'n flin yn ei gwsg neithiwr? Oedd o wedi gwneud rhywbeth ofnadwy i Gruff?

Ond na, doedd dim olion traed gwaedlyd ar y concrit, doedden nhw ddim yn mynd at y tŷ; ro'n nhw'n dal i fynd ar hyd y palmant. Roedd Wmffra'n trio ei dynnu y ffordd honno **ers tro**. Felly nid gwaed Gruff oedd o. Roedd Dafydd yn **falch**, ond eto ...

Cerddodd Dafydd ac Wmffra ymlaen drwy'r pentre; heibio'r eglwys lle roedd Dafydd a Sioned wedi priodi; heibio'r parc lle wnaeth o ofyn iddi ei briodi – ar y swings. Roedd hi wedi cytuno'n syth. Ro'n nhw wedi bod yn **gariadon** ers yr ysgol, y ddau yn hoffi yr un pethau: David Bowie ac Oasis; cawl Tom Yum a phitsas bwyd môr; *Coronation Street* a *Pobol y Cwm*; *Pulp Fiction* a *Reservoir Dogs*; gwin gwyn Sauvignon Blanc a seidr sych. Ro'n nhw'n siwtio ei gilydd ac ro'n nhw mewn cariad.

Roedd hi mor hapus, roedd hi wedi crio yn yr eglwys. Roedd o wedi crio wrth wneud ei **araith** yn y *marquee* achos roedd o mor hapus.

Roedd o wedi crio pan wnaeth hi ofyn am ysgariad hefyd.

'Paid! Stopia!' meddai Dafydd wrtho ei hun yn uchel. Stopiodd Wmffra'n stond. Gwenodd Dafydd. 'Na, ddim ti, Wmffra. Dal i fynd, Wmffra, dal i ddilyn y gwaed ...'

Ro'n nhw'n pasio'r arwydd **cyflymder** 30 rŵan. Ro'n nhw allan o'r

dyrnau – *fists*	**cariad(on)** – *lover(s)*
ers tro – *for a while*	**araith** – *speech*
balch – *glad*	**cyflymder** – *speed*

pentre, ac roedd Wmffra'n mynd fel trên, yn tynnu ar ei dennyn. Roedd Dafydd yn gorfod rhedeg, a dydy rhedeg mewn welintyns ddim yn hawdd.

Yn sydyn, ar ôl mynd rownd y gornel, roedd yr ôl traed yn **dod i ben**. Roedd **patshyn** mawr o waed ar ganol y ffordd. Ac roedd rhywbeth, neu rywun, yn y gwair ar ochr y ffordd – yn wyn ond yn waed i gyd. Dafad? Roedd Wmffra yn ei dynnu ato, ac roedd Dafydd yn gallu gweld yn well: nid dafad oedd hi. Nid **gwlân** dafad oedd y peth gwyn, ond cardigan.

dod i ben – *to come to an end*

patshyn – *patch*

gwlân – *wool*

Pennod 4

Cerddodd Dafydd yn ei flaen yn ofalus, gan dynnu Wmffra'n ôl.

'Na, Wmffra! Aros, Wmffra!'

Hen ddynes oedd hi. Hen ddynes gyda gwallt gwyn a chardigan wen, a **chrys nos** *winceyette* **blodeuog** a sliperi blewog, pinc. Roedd hi'n gorwedd ar ei hochr yn y gwair ar ochr y ffordd yn y glaw a doedd hi ddim yn symud. Oedd hi wedi marw? Oedd Dafydd wedi ei lladd hi yn ei gwsg?

Gwelodd *zimmerframe* yn y **gwrych** wrth ymyl y ddynes, y pedair coes yn gwthio allan fel anifail wedi marw.

Penliniodd Dafydd wrth ymyl y ddynes. Roedd ei llygaid hi wedi cau.

'Ym. Helô?' meddai Dafydd. 'Dach chi'n iawn? Dach chi'n fy nghlywed i?'

Roedd ei hwyneb hi'n llwyd fel wyneb y **lleuad** a'i **thalcen** a'i gwallt yn waed i gyd. Oedd hi'n **anadlu**? Doedd o ddim yn siŵr. Doedd o ddim yn cofio sut i weld a oedd rhywun yn anadlu. **Plygu** ei phen yn ôl? Ond be os oedd hi wedi brifo ei **gwddw**?

Gafaelodd yn ofalus yn ei llaw hi – roedd hi'n oer. Trodd ei llaw a

---

crys nos – *nightshirt*	**talcen** – *forehead*
blodeuog – *flowery*	**anadlu** – *to breathe*
gwrych – *hedge*	**plygu** – *to bend*
penlinio(**dd**) – *to kneel (knelt)*	**gwddw** – *neck*
lleuad – *moon*	

chwilio am bỳls. Dim byd. Oedd o yn y lle iawn? Pwysodd yn galed ar ei **garddwrn** hi, ac oedd, roedd o'n meddwl bod pỳls, ond roedd o'n wan iawn.

Ond roedd hi'n fyw! Ac roedd o'n ei nabod hi: Mrs Roberts, rhif 6.

---

garddwrn – *wrist*

Roedd hi'n byw drws nesa ond un iddo fo. Roedd ei gŵr wedi marw **ers talwm** ac roedd hi'n byw ar ben ei hun. Wel, gyda chath. Roedd Pws yn gath gas, ond dynes hyfryd, annwyl oedd Mrs Roberts, bob amser yn dweud 'Bore da/pnawn da/noswaith dda' wrth Dafydd ac yn rhoi bisgedi i Wmffra. *Custard creams*. A weithiau *Digestives*.

Ac roedd Wmffra yn llyfu ei hwyneb hi!

'Wmffra! Paid!'

Ond roedd llygaid Mrs Roberts wedi dechrau agor.

'Mrs Roberts?'

'Hm? Be ...? Pwy ...? Lle ydw i?' meddai hi mewn llais gwan.

'Mrs Roberts, dach chi wedi cael **damwain** ...'

Edrychodd Mrs Roberts arno am hir.

'Dafydd? Ti sy 'na?'

'Ia, dach chi'n ...'

'Ble wyt ti wedi bod?' meddai Mrs Roberts. 'Wnest ti ffonio am ambiwlans?'

'Ym ... naddo, ddim eto. **Newydd gyrraedd** ydw i.'

'Be? **Naci tad!**'

Ysgydwodd Dafydd ei ben. Roedd hi'n amlwg wedi cael cnoc ddrwg i'w phen ac yn dweud pethau gwirion.

'Ia wir, Mrs Roberts. Newydd eich gweld chi fan hyn ydw i, ond ...'

'Dafydd!' **ochneidiodd** Mrs Roberts. 'Ti wnaeth fy nghario i fan hyn a dweud dy fod di'n mynd i ffonio am ambiwlans ... ac roedd hynny oriau yn ôl ... wnest ti **anghofio** amdana i? Ond dyna ni, mae pawb yn anghofio amdana i ...'

---

ers talwm – *a long time ago*	**ysgwyd (ysgydwodd)** – *to shake (shook)*
damwain – *accident*	**ochneidio(dd)** – *to sigh (sighed)*
newydd gyrraedd – *just arrived*	**anghofio** – *to forget*
naci tad – *not at all*	

Edrychodd Dafydd arni'n **hurt**. Yna edrychodd ar y gwaed. Roedd gwaed dros ei breichiau a'i dwylo, a gwaed dros ei chrys nos. Os oedd o wedi ei chario hi, roedd hi'n bosib mai gwaed Mrs Roberts oedd drosto fo.

'Mae'n ddrwg iawn gen i, Mrs Roberts. Ro'n i'n cerdded yn fy nghwsg, mae'n siŵr. Dw i'n mynd i ffonio am ambiwlans rŵan! Peidiwch â symud!'

'Symud? Dw i ddim yn gallu symud, y bachgen gwirion ...' meddai Mrs Roberts. Ond roedd Dafydd wedi mynd. Ond wedyn rhedodd yn ôl, a dweud wrth Wmffra:

'Wmffra! Aros! Edrycha ar ôl Mrs Roberts!'

Wedyn rhedodd i ffwrdd eto, fel **milgi**. Milgi pedwar deg pump oed, un deg tri stôn.

Llyfodd Wmffra wyneb Mrs Roberts.

---

hurt – *stupid, stunned*

milgi – *greyhound*

Pennod 5

Wrth redeg heibio tŷ Sioned (a Gruff) meddyliodd Dafydd:

'Ddylwn i stopio fan hyn i ffonio am ambiwlans? Mae'n fwy agos na fy nhŷ i.' 'Ond na,' meddyliodd wedyn, 'maen nhw'n cysgu, ac erbyn i Sioned (neu Gruff – ych!) godi i ateb y drws, mae llawer o amser yn mynd i basio.' Felly rhedodd ymlaen at ei dŷ o.

Baglodd i mewn drwy'r drws, yn anadlu'n drwm ac yn chwysu. Gafaelodd yn y ffôn, ond roedd ei law mor wlyb, saethodd y ffôn i'r awyr a tharo'r wal. Daeth y batris allan. **Rhegodd**, sychu ei ddwylo ar y carped, a rhoi'r batris yn ôl. Ceisiodd ffonio, ond doedd o ddim yn gweithio. Roedd y batris i mewn y ffordd anghywir. Tynnodd nhw allan, yna eu rhoi y ffordd gywir a cheisio eto. Diolch byth, roedd y ffôn yn canu.

'Pa wasanaeth dach chi ei angen?' meddai llais dyn.

'Ambiwlans,' meddai Dafydd. 'Os gwelwch yn dda.'

Atebodd llais merch yn y lle ambiwlans.

'Be ydy eich rhif ffôn chi?' gofynnodd y ferch.

'Ym ...' Am eiliad, doedd o ddim yn gallu cofio. Yna cofiodd yn sydyn, a dweud y rhif.

---

baglu (**baglodd**) – *to trip* (*tripped*)

rhegi (**rhegodd**) – *to swear* (*swore*)

'01745 532900.'

'Be ydy'r **cyfeiriad**?' meddai.

'Llan, wrth yr arwydd cyflymder 30 i'r **dwyrain**.'

'Naci, eich cyfeiriad chi adre.'

'Ond ddim yn fan'ma ...'

'Dw i angen cyfeiriad eich tŷ chi.'

'O. Iawn. Rhif 4, Stryd yr Eglwys, Llan.'

'Diolch. Iawn, be ydy'r broblem?'

---

cyfeiriad – *address*

dwyrain – *east*

'Mae Mrs Roberts ar ochr y ffordd, yn waed i gyd.'

'Faint ydy oed Mrs Roberts?'

'Ym, dw i ddim yn siŵr. Wyth deg rhywbeth.'

'Ydy hi'n anadlu?'

'Ydy, ond mae ei phỳls hi'n wan iawn ac mae hi'n oer ac yn waed i gyd.'

'Oes 'na rywun efo hi?'

'Oes, Wmffra. Sori, nac oes, ci ydy Wmffra.'

'Dach chi wedi gadael ci efo hi!'

'Do. Wel, doedd gen i ddim **ffôn symudol** a doedd neb arall o gwmpas ac mae'n gi **ufudd** iawn. Dw i'n mynd 'nôl ati hi rŵan – efo blanced. I aros am yr ambiwlans.'

'A'r heddlu. Peidiwch â **chyffwrdd** dim byd – rhag ofn.'

'Iawn.'

Rhedodd Dafydd i fyny'r grisiau i nôl blanced o'r cwpwrdd. Rhoddodd ei ffôn symudol yn ei boced – rhag ofn. Yna gwelodd allweddi'r car. Roedd o'n mynd i fod yn fwy cyflym yn y car. Ac yn fwy sych. Gafaelodd mewn ymbarél hefyd, un golff fawr.

Gyrrodd drwy'r pentre a pharcio ar ochr y ffordd, yn agos at Mrs Roberts. Roedd Wmffra'n dal efo hi, ac yn ysgwyd ei gynffon.

'Helô, Mrs Roberts? Dw i wedi ffonio am ambiwlans, bydd o yma rŵan. Mrs Roberts?'

Roedd ei llygaid hi wedi cau. O, na! Roedd Dafydd yn teimlo'n sâl. Oedd o'n rhy hwyr? Ond diolch byth, agorodd Mrs Roberts ei llygaid yn araf.

'Dw i'n oer,' meddai hi mewn llais gwan.

---

ffôn symudol – *mobile phone*

ufudd – *obedient*

cyffwrdd – *to touch*

'Dim problem, mae gen i flanced i chi,' meddai Dafydd, gan roi'r flanced fawr dros Mrs Roberts – yn ofalus. 'Ac mae gen i ymbarél.' Agorodd yr ymbarél a'i dal hi dros Mrs Roberts. 'Ond bydd yr ambiwlans yma rŵan, peidiwch â phoeni.'

'Diolch i ti, Dafydd,' meddai Mrs Roberts.

'Dach chi'n gwybod be ddigwyddodd?' gofynnodd Dafydd.

'Dw i ddim yn siŵr. Mae 'mhen i'n brifo.'

'Car oedd o?'

'Car oedd be?'

'Gawsoch chi'ch taro gan gar?'

'Dim syniad. Dw i ddim yn cofio. Dw i'n hen.'

Roedd Wmffra'n snwffian yn y gwair.

'Paid, Wmffra! Dan ni ddim i fod i gyffwrdd dim byd,' meddai Dafydd.

Ond cododd Wmffra ei ben yn sydyn. Roedd rhywbeth metal yn ei geg. **Plât rhif car.** Roedd o wedi plygu.

'Wmffra! Gollwng, Wmffra ...' Ond roedd Wmffra'n hoffi ei **degan** newydd. Roedd o'n rhedeg o gwmpas gyda'r plât rhif yn ei geg, a'i gynffon yn **troi fel melin wynt.** Cododd Dafydd ar ei draed.

'Wmffra! Paid! Gollwng!'

Gollyngodd Wmffra y plât yn y gwair ac edrych yn drist. Cerddodd Dafydd at y plât ac edrych arno. Oedd o'n nabod y rhif? Yn sydyn, clywodd seiren. Diolch byth! Yr ambiwlans! A char heddlu hefyd.

---

plât rhif car – *car number plate*

tegan – *toy*

troi fel melin wynt – *to turn like a windmill*

Pennod 6

Gwyliodd Dafydd y dyn a'r ddynes ambiwlans yn codi Mrs Roberts ar stretsier.

'Dafydd!' meddai Mrs Roberts yn sydyn. 'Pwy sy'n mynd i edrych ar ôl Pws?'

'Peidiwch â phoeni; wna i edrych ar ôl Pws,' meddai Dafydd. Wel, os bydd yr hen gath flin yn gadael i mi fynd i mewn i'r tŷ, meddyliodd. **'Brysiwch chi wella,'** meddai. 'Dach chi'n mynd i fod yn iawn, dw i'n siŵr.' Ond roedd o wedi clywed y bobl ambiwlans yn dweud y gair *fracture*. O diar. Doedd bywyd Mrs Roberts ddim yn mynd i fod yn hawdd os oedd hi wedi torri ei choes neu ei braich. Roedd hi dros wyth deg oed!

Gyrrodd yr ambiwlans i ffwrdd, a'r golau glas yn fflachio.

'Gawn ni air efo chi?' meddai llais y tu ôl iddo. Yr heddlu. Un plismon mawr ac un blismones fach, gyda llyfrau sgrifennu.

'Wrth gwrs,' meddai.

Atebodd eu cwestiynau. Roedd y stori'n **gymhleth.**

'Sut wnaethoch chi **ddod o hyd i** Mrs Roberts?' meddai'r plismon mawr.

---

brysiwch chi wella – *get well soon*

cymhleth – *complicated*

dod o hyd i – *to find*

'Ym ... wel, dilyn ôl fy nhraed.'

'Pardwn?'

'Mae gen i broblem: dw i'n cerdded yn fy nghwsg ...'

Roedd yr heddlu'n ysgwyd eu pennau, ond yn y diwedd, ro'n nhw'n deall. Ychydig.

'Felly does gynnoch chi ddim syniad be ddigwyddodd iddi?' meddai'r blismones fach.

'Nac oes. A doedd hi ddim yn cofio. Ond ...'

'Ia?'

'Wel, daeth Wmffra – fy nghi i – o hyd i hwn.' Pwyntiodd Dafydd at y plât rhif car yn y gwair.

'Dw i'n gweld,' meddai'r plismon mawr. 'Fan hyn, yn union?'

'Wel ... ddim cweit. Roedd o'n meddwl mai tegan newydd oedd o. Dw i ddim yn siŵr lle roedd o **yn wreiddiol.**'

'Tampering with the evidence, Wmffra ...' meddai'r blismones fach wrth y ci.

'Mae'n iawn, mae o'n siarad Cymraeg,' meddai Dafydd.

'Ia, ond dw i ddim yn siŵr be ydy *to tamper* yn Gymraeg,' meddai'r blismones.

'**Ymyrryd.** Ymyrryd â,' meddai Dafydd. 'Ymyrryd â'r **dystiolaeth.**'

'W. Clyfar,' meddai'r blismones.

'Athro Cymraeg dw i,' meddai Dafydd.

'Dw i ddim yn meddwl bod ci yn deall *tamper* nac ymyrryd,' meddai'r plismon mawr (cododd Wmffra ei glust, ond ddwedodd o ddim byd). 'Felly mae'n bosib bod car wedi ei tharo hi, *hit and run*, a dach chi'n meddwl mai dyma rif y car?'

'Mae'n bosib,' meddai Dafydd.

'Ydy,' meddai'r blismones. Roedd Wmffra'n llyfu ei llaw hi.

'A dyma *zimmerframe* Mrs Roberts?' meddai'r plismon mawr.

'Mae hi'n defnyddio *zimmerframe* fel arfer,' meddai Dafydd.

'A dyma ei hymbarél golff hi. Ydy hi'n chwarae golff?'

'Dw i ddim yn meddwl. Mae'n anodd iawn efo *zimmerframe*. Fy ymbarél i ydy hi – a'r flanced yna.'

'Iawn. Dyma chi,' meddai'r blismones. 'Diolch yn fawr, Mr ...?'

---

yn wreiddiol – *originally*

ymyrryd – *to tamper, to interfere*

tystiolaeth – *evidence*

'Jones,' meddai Dafydd. 'Dafydd Jones. Rhif 4, Stryd yr Eglwys, drws nesa ond un i Mrs Roberts.'

'A'ch dyddiad geni chi?'

Y? Pam roedd hi isio gwybod hynny? Gwenodd y blismones. Oedd hi'n gallu darllen ei feddwl?

'Dan ni'n gorfod gofyn am ddyddiad geni pob **tyst**,' meddai hi. 'A'ch rhif ffôn chi.'

Rhoddodd Dafydd ei ddyddiad geni a'i rif ffôn iddi. Sgrifennodd hi bopeth yn ei llyfr bach du. Roedd o'n hoffi ei chlustiau hi. Ro'n nhw'n fach ac yn daclus. Ac roedd ei cheg hi fel ceg yr actores yn *Girl With a Pearl Earring*. Ac roedd hi'n hoffi Wmffra.

Dringodd i mewn i'r car yn teimlo'n drist dros Mrs Roberts, ond yn methu peidio â gwenu. Roedd hi wedi stopio bwrw glaw.

---

tyst – *witness*

Pennod 7

Wrth yrru adre heibio tŷ Sioned (a Gruff) edrychodd Dafydd ar y ceir eto. Doedd yr Audi ddim wedi parcio'n daclus iawn. Rhyfedd. Roedd Gruff bob amser yn daclus. Dillad taclus, gwallt taclus, parcio taclus. Edrychodd ar y plât rhif. Rhewodd.

Parciodd Dafydd (yn daclus), ac edrych ar ei wats. 6.30. Doedd Sioned (a Gruff) byth yn deffro'n gynnar iawn.

'Wmffra,' meddai. 'Un tro bach arall cyn brecwast.' Cododd Wmffra ei glustiau. Roedd o'n gwenu, ac yn ysgwyd ei gynffon fel maraca.

Cerddodd Dafydd ac Wmffra yn ôl drwy'r pentre. Arafodd Dafydd wrth dŷ Sioned (a Gruff). Roedd y llenni wedi cau. Edrychodd i fyny ac i lawr y stryd. Roedd llenni pawb wedi cau. Cerddodd dros y concrit at y ceir. Aeth at ben blaen yr Audi. Wel, wel, wel. Roedd y plât rhif ar goll.

Roedd Wmffra'n gwneud ei fusnes wrth y drws. Rhoddodd Dafydd ei law yn ei boced i chwilio am fag bach du. Wedyn newidiodd ei feddwl.

Cerddodd yn ôl at ei dŷ. Tynnodd y tennyn oddi ar goler Wmffra, wedyn tynnodd ei welintyns a'i gôt. Rhoddodd y tecell ymlaen. Edrychodd ar y ffôn.

'Na,' meddyliodd. 'Dydy'r heddlu ddim yn dwp. Maen nhw'n siŵr o ddal Gruff heb fy help i.' Yfodd ei goffi ac edrychodd ar y ffôn eto. Yna edrychodd ar ei byjamas. Roedd o'n dal yn waed i gyd. Aeth am gawod hir, hir a newid i jîns a chrys-T. Rhoddodd y pyjamas a'r dillad gwely yn y peiriant golchi.

Edrychodd ar y ffôn eto.

Roedd o eisiau bwyd. Gwnaeth frecwast o facwn ac wy a thomato, a rhoi'r **braster** o'r bacwn i Wmffra. Ac yna, cofiodd. Cath Mrs Roberts.

Ar ôl golchi'r llestri, aeth i mewn i ardd gefn Mrs Roberts. Roedd hi'n

---

braster – *fat*

cadw allwedd i'r drws cefn yn y sied, mewn hen dun bisgedi. Roedd hi wedi dangos y tun bisegdi i Dafydd pan aeth hi i **Ardal y Llynnoedd** ar drip **Merched y Wawr** bum mlynedd yn ôl. Roedd yr allwedd yn dal yno.

Agorodd ddrws y byngalo a neidiodd **bwystfil** llawn blew du ar ei ben: Pws.

'Aw! Yr **ast**!' gwaeddodd Dafydd. Roedd hi wedi **cripio** ei wyneb. Roedd o'n gwaedu! 'Wedi dod i roi bwyd i ti ydw i, yr hen gath **annifyr**!' Roedd hi ar y llawr rŵan, yn edrych arno gyda llygaid cas, a'i chynffon yn mynd 'nôl a 'mlaen fel weipars ffenest car. 'Os wyt ti isio bwyd, rhaid i ti beidio edrych arna i fel'na,' meddai wrthi. Ond roedd hi'n dal i edrych arno gyda'i llygaid melyn, cas. Roedd hi eisiau ei ladd o. 'Dw i wedi addo i Mrs Roberts, iawn!' meddai Dafydd wrthi. Agorodd yr oergell. Dim ond llaeth, menyn, lwmp o gaws, sos coch a jar o jam oedd yn yr oergell. Rhoddodd hanner y llaeth i Pws. Edrychodd hi ar Dafydd am hir, yna yfed y llaeth. Agorodd Dafydd y cwpwrdd: dim ond dau dun tomatos, un tun sardîns, picl a **blawd plaen** oedd yn y cwpwrdd – a dau focs o fwyd cath. Rhoddodd ychydig i Pws.

'Mae Mrs Roberts wedi cael damwain,' meddai wrthi. 'Mae hi'n mynd i fod i ffwrdd am hir. Fi sy'n mynd i dy fwydo di am sbel, felly paid â neidio arna i fel'na eto, yr hen gath hyll.' Ond doedd Pws ddim yn gwrando; roedd hi'n bwyta, a'i chynffon yn dal i symud yn araf o ochr i ochr.

Roedd y tŷ yn daclus, a dim byd i **egluro** pam fod Mrs Roberts wedi mynd am dro yn ei chrys nos ganol nos.

Ardal y Llynnoedd – *the Lake District*	**cripio** – *to scratch*
Merched y Wawr – *Welsh equivalent of the WI*	**annifyr** – *unpleasant*
	blawd plaen – *plain flour*
bwystfil – *beast*	**egluro** – *to explain*
gast – *bitch*	

Aeth Dafydd yn ôl adre i rif 4 a rhoi Radio Cymru ymlaen. *Ar y Marc*, rhaglen am bêl-droed. Roedd yn well gan Dafydd rygbi, ond roedd tîm pêl-droed Cymru yn chwarae'n dda y dyddiau hyn, ac roedd o'n mwynhau'r rhaglen hon. Dyn pêl-droed oedd Gruff, yn casáu rygbi. Roedd Sioned yn dod efo Dafydd i gemau rygbi ers talwm, i wylio Cymru yn **Nulyn, Caeredin**, Twickers a Pharis, os oedd y gêm ar ddydd Sadwrn. Doedd Dafydd ddim yn gallu gadael yr ysgol cyn 3.30 ar ddydd Gwener. Ro'n nhw wedi meddwl mynd i **Rufain** hefyd, ond wnaeth hi ofyn am ysgariad cyn iddo fo brynu'r tocynnau. Mynd i weld y tîm pêl-droed roedd hi wedyn. Roedd Gruff yn gallu **fforddio**'r arian a'r amser i fynd i Serbia, Georgia, Rwsia – bob man. Doedd o ddim yn athro fel Dafydd; plymar oedd o. Plymar drud. Gyda'i gwmni ei hun, tair fan ac Audi drud iawn. Oedd heb blât rhif.

Edrychodd Dafydd ar y ffôn.

Dulyn – *Dublin*

Caeredin – *Edinburgh*

Rhufain – *Rome*

fforddio – *to afford*

Pennod 8

Canodd y ffôn. Neidiodd Dafydd a neidiodd Wmffra.

'Helô?'

'Helô, Mr Dafydd Jones?'

'Ia.'

'Ydach chi wedi prynu **yswiriant** PPI? Gallwn ni …'

'Dim diolch!' meddai Dafydd a rhoi'r ffôn i lawr **yn glep**. Aeth at y ffenest. Roedd hi wedi dechrau bwrw glaw eto. Roedd yr olion traed gwaedlyd ar y **llwybr** wedi mynd. Ond roedd y carped a'r leino a'r grisiau yn dal yn farciau coch a brown. Aeth i chwilio am **gadach** a Jif.

Wrth lanhau a **sgwrio** a **rhwbio**, meddyliodd, 'Mae'n rhaid bod Mrs Roberts wedi colli llawer iawn o waed. 'Wnes i wir ei chodi hi a'i chario hi at y gwair? O, na … Wnes i wneud pethau'n waeth?'

Brysiodd at y ffôn a galw'r ysbyty.

'Helô? Ga i wybod sut mae Mrs Roberts? Roedd hi mewn ambiwlans bore 'ma, tua 6.30.'

Roedd hi yn y theatr. Roedd hi wedi torri ei phelfis, ac yn cael **pwythau** yn ei phen a'i phen-glin. Roedd hi wedi colli llawer o waed.

yswiriant – *insurance*	**sgwrio** – *to scrub*
yn glep – *with a bang*	**rhwbio** – *to rub*
llwybr – *path*	**pwyth(au)** – *stitch(es)*
cadach – *cloth*	

Roedd hi'n mynd i aros yn yr ysbyty am tua phedwar i saith diwrnod, wedyn symud mewn **cadair olwyn** am ychydig, wedyn symud gyda *zimmerframe*. Ro'n nhw'n gobeithio bod Mrs Roberts yn mynd i allu cerdded yn iawn ar ôl tri mis.

Mrs Roberts, **druan**. Wel, os mai Gruff oedd wedi ei tharo – a'i gadael hi ar y ffordd, roedd o'n **haeddu cosb**. Cosb fawr. Cododd y ffôn eto a galw swyddfa'r heddlu. Doedd Dafydd ddim yn gwybod enw'r blismones, ond pan glywodd ei llais hi, roedd o'n ei nabod hi.

'Helô, PC Edwards yn siarad.'

'Helô, PC Edwards. Dafydd Jones sydd yma. Fi oedd efo Mrs Roberts bore 'ma. A'r labrador brown.'

'O ia, helô. Dach chi'n iawn?'

'Dw i'n iawn, ond dydy Mrs Roberts ddim. Mae hi wedi torri ei phelfis.'

'O, na ... **bechod**.'

'Ia. Bechod mawr. Ond dw i'n meddwl 'mod i'n gwybod pwy wnaeth ei tharo hi ...'

'O ...?'

'Wel, dw i'n gwybod car pwy sydd wedi colli ei blât rhif, o leia.'

'Ydach chi? Diddorol ...'

Roedd Sioned yn glanhau pan welodd hi gar heddlu yn parcio o flaen y tŷ. Roedd hi wedi meddwl hwfro ond roedd Gruff yn dal yn ei wely a doedd hi ddim eisiau ei ddeffro. Roedd yn gas gan Gruff sŵn yr hwfyr, yn enwedig os oedd o wedi bod allan yn hwyr gyda'r 'Hogia'. **Criw o gefnogwyr** pêl-droed oedd 'Yr Hogia', yn chwarae 5-bob-ochr bob nos

---

cadair olwyn – *wheelchair*

druan – *poor, unfortunate*

haeddu – *to deserve*

cosb – *punishment*

bechod – *shame, pity*

criw o gefnogwyr – *a group of supporters*

Wener am eu bod nhw'n rhy hen i chwarae gêm naw deg munud ar gae pêl-droed mawr, hir a **llydan**. Wedyn ro'n nhw'n mynd i'r **dafarn**, am oriau. Doedd Gruff byth yn colli ei ddêt nos Wener gyda'r 'Hogia', a doedd o byth yn codi'n gynnar y bore wedyn. Roedd o'n hwyr iawn yn dod adre neithiwr; felly – dim hwfyr.

Gwyliodd Sioned y ddau mewn cotiau melyn **llachar** yn dod at y drws. *Ding-dong.*

Aeth Sioned at y drws.

'Helô?'

'Bore da. Dyma gartre Gruffydd ab Iestyn?' gofynnodd plismones fach **ddel**.

'Ia ... pam?'

'Gawn ni air efo fo?'

'Mae o yn ei wely.'

'O?' Edrychodd y blismones ar ei wats. 'Am un ar ddeg? Noson hwyr neithiwr?'

'Ym ... ddim yn hwyr iawn, na. Mae o jest yn licio cysgu'n hwyr ar fore Sadwrn.'

'Dw i'n gweld. Wel, allwch chi ei ddeffro fo, os gwelwch yn dda?'

'Be? Dydy o ddim yn hapus pan dw i'n ei ddeffro fo'n rhy gynnar ...'

Gwenodd y blismones gyda'i **llygaid llo**. Doedd hi'n amlwg ddim yn poeni oedd Gruff yn hapus neu ddim. Aeth Sioned i ddeffro Gruff.

---

llydan – *wide*   **del** – *pretty*

tafarn – *pub*   **llygaid llo** – *pretty, dreamy eyes*

llachar – *bright*

Pennod 9

Doedd deffro Gruff ddim yn hawdd. Roedd o fel ceisio deffro **carreg**. O'r diwedd, agorodd ei lygaid – ac ochneidio'n flin.

'Yyyyy ... cer o 'ma, ddynes.' Trodd ei gefn ati a chau ei lygaid eto.

'Gruff ... mae 'na rywun isio dy weld di.'

'Y? Dw i ddim isio gweld neb. Dwed wrthyn nhw am fynd.'

'Dw i ddim yn gallu.'

'Wyt. Dw i'n mynd 'nôl i gysgu. Awr arall. Ta ta.'

'Gruff ... yr heddlu sydd isio dy weld di.'

Tawelwch.

'Fi?'

'Ia.'

'Yr heddlu.'

'Ia.'

'Pam fi?'

'Jest ... coda, plis.'

Aeth Sioned i'r drôr i nôl trôns a sanau glân iddo fo. Yna i'r wardrob i nôl jîns glân a chrys. Rhoddodd y cwbl yn daclus ar y gadair. Yna, gyda'i

---

carreg – *stone*

tawelwch – *silence*

bys a'i bawd, cododd ei drôns a'i sanau **budr** a'u rhoi yn y fasged **dillad budron**.

'Mae o ar ei ffordd,' meddai hi wrth y plismon a'r blismones. 'Dach chi isio paned?'

'Hyfryd,' meddai'r ddau.

Roedd Sioned angen paned hefyd. Ac roedd Gruff angen coffi cryf.

Aeth i'r gegin at y tecell. Clywodd sŵn fflysh o'r tŷ bach.

'Tŷ neis,' meddai PC Edwards o'r lolfa.

'Diolch,' meddai Sioned.

Tawelwch. Gwnaeth Sioned y coffi.

'Dyma ni, dau goffi, dim siwgr,' meddai Sioned. 'Ym, ydw i'n cael gofyn pam eich bod chi isio gweld Gruff?'

Edrychodd y ddau blismon ar ei gilydd.

'Iawn,' meddai'r plismon mawr, PC Davies. 'Mae Mrs Elsie Roberts, Rhif 6, Stryd yr Eglwys, wedi cael damwain ar y ffordd neithiwr neu bore 'ma. Ddim yn bell o'r arwydd cyflymder 30.'

'Mrs Roberts? Yr un â'r gath flin a'r *zimmerframe*? O, bechod ... be ddigwyddodd?'

'Dan ni ddim yn siŵr eto,' meddai PC Davies. 'Dyna pam dan ni isio holi'ch gŵr chi.'

'I weld a welodd o rywbeth? Ond roedd o allan neithiwr.'

'O, oedd o? Yn ble?'

'5-bob-ochr, yn y **ganolfan hamdden**.'

Daeth Gruff i mewn i'r lolfa, gyda gwallt blêr a llygaid coch.

'Bore da,' meddai PC Edwards. 'Gruffydd ab Iestyn?'

---

budr – *dirty*

dillad budron – *dirty clothes*

canolfan hamdden – *leisure centre*

'Ia. Pam? Be ydy'r broblem?' meddai Gruff.

'Oeddech chi'n gwybod eich bod chi wedi colli plât rhif eich car? Yr un blaen?'

'Be? Na.'

Roedd y plismyn yn sgrifennu mewn llyfrau bach du.

'Felly does gynnoch chi ddim syniad pam ei fod o wedi dod i ffwrdd?'

'Na, dim syniad o gwbl.'

'Ond roedd o ar y car neithiwr, pan aethoch chi i'r ganolfan hamdden?'

'Oedd, mae'n siŵr.'

'Dyma fo,' meddai PC Edwards, gan ddangos y plât mewn bag plastig. 'Wedi plygu. Roedd o ar ochr y ffordd bore 'ma. Mae *forensics* yn astudio'r olion oedd arno fo.'

'Olion be?' meddai Gruff.

'Gwaed, dillad, gwallt ac ati.'

'Gwaed?' meddai Sioned.

'Ia. Roedd y plât wrth ymyl Mrs Roberts. Dan ni'n credu bod car wedi ei tharo hi rhwng hanner nos a thri o'r gloch y bore. Mae hi yn yr ysbyty.'

Edrychodd Sioned ar Gruff.

'A dach chi'n meddwl mai fi darodd hi?' meddai Gruff. 'Wel, wnes i ddim taro neb. A wnes i ddim taro Mrs Roberts. **Yn bendant.**'

'Dach chi'n siŵr, Mr Iestyn?'

'Ab Iestyn. Ydw, dw i'n siŵr.'

'Lle aethoch chi ar ôl y ganolfan hamdden, Mr ab Iestyn?'

'I'r Cross Keys. Ac wedyn y Crown. A'r *kebabs*.'

'Faint o alcohol wnaethoch chi yfed?'

'Dim llawer. Peint a hanner?'

Edrychodd Sioned ar y carped. Roedd wir angen ei hwfro.

Tynnodd PC Davies fag bach allan o'i boced.

'Wnewch chi chwythu i mewn i hwn os gwelwch yn dda, Mr ab Iestyn?'

Edrychodd Gruff ar Sioned, yna ar PC Davies.

'Ga i goffi yn gynta?'

'Dw i ddim yn meddwl, Mr Iestyn. Sori, ab Iestyn.'

yn bendant – *definitely*

Pennod 10

Roedd Dafydd wedi mynd ag Wmffra am dro yn y parc. Roedd o wedi gweld car heddlu wrth dŷ Sioned (a Gruff) ac roedd o'n gallu gweld y car drwy'r coed. **Gofalodd** aros yn yr un lle i daflu pêl i Wmffra. Ar ôl hanner awr, roedd ei fraich yn brifo, ond roedd Wmffra'n hapus. Ac roedd y car heddlu yn dal wrth y tŷ. Gwelodd y drws yn agor. Rhoddodd y bêl yn ei boced ac roedd o'n digwydd dod allan o'r parc gydag Wmffra pan welodd o Gruff yn dringo i mewn i gar yr heddlu. Roedd Sioned wrth y drws yn edrych yn sâl.

Roedd y car heddlu newydd yrru i ffwrdd pan basiodd o'r tŷ gydag Wmffra. Gwelodd Wmffra Sioned a dechrau neidio i fyny ac i lawr ac ysgwyd ei gynffon. Gwelodd Sioned Wmffra – a Dafydd. Gollyngodd Dafydd y tennyn a rhedodd Wmffra at Sioned. Plygodd Sioned i **roi mwythau** i'r ci.

'Helô, Wmffra bach.'

'S'mae,' meddai Dafydd. 'Popeth yn iawn?'

Dechreuodd Sioned grio.

---

gofalu (gofalodd) – *to make sure (made sure)*

rhoi mwythau – *to pet (an animal)*

Dafydd wnaeth y coffi. Roedd o'n gwybod lle roedd popeth: y mygiau, y coffi a'r llaeth. Aeth â choffi perffaith (ddim yn rhy gryf, **sloch** da o laeth, dim siwgr) at Sioned oedd ar y soffa gydag Wmffra.

'Dw i ddim yn gwybod be i'w wneud,' meddai Sioned. 'Ddylwn i fynd i Swyddfa'r Heddlu?'

---

sloch – *splash*

'Na, aros fan hyn,' meddai Dafydd. 'Maen nhw'n siŵr o ffonio.'

'Ydy Mrs Roberts wedi brifo'n ddrwg?' gofynnodd Sioned.

'Wedi torri ei phelfis.'

'O, naaa!' ochneidiodd Sioned. Wedyn roedd hi'n crio eto. Rhoddodd Wmffra ei ben ar **lin** Sioned. Aeth Dafydd i nôl mwy o *kitchen roll*. Roedd o'n gwybod lle roedd o.

Chwythodd Sioned ei thrwyn.

'Fi ddaeth o hyd iddi,' meddai Dafydd. 'Ro'n i wedi bod yn cerdded yn fy nghwsg ...'

'Eto?'

'Eto.'

'Roedd hi'n deud 'mod i wedi ei chario hi at y gwair, ac wedi mynd i alw am ambiwlans. Ond dw i'n cofio dim. Rhaid 'mod i wedi gwneud y cwbl yn fy nghwsg. Wnes i ddim galw am ambiwlans; wnes i fynd i'r gwely.'

'O, Dafydd!'

'Dw i'n gwybod. Dw i'n teimlo'n ofnadwy. Wedyn, wnes i ddeffro am bump o'r gloch a gweld fy mod i'n waed i gyd; dros fy mhyjamas, dros y dillad gwely. Wnes i ddilyn ôl fy nhraed gwaedlyd o'r tŷ at Mrs Roberts, ac wedyn rhedeg yn ôl i alw am ambiwlans.'

'O, Dafydd ...'

Yfodd Dafydd ei goffi.

'Felly pam mae'r heddlu wedi mynd â Gruff?'

Tawelwch. Edrychodd Sioned ar y carped. Roedd hi wir angen hwfro.

'Roedd plât rhif yr Audi ar ochr y ffordd, wrth ymyl Mrs Roberts.'

---

glin – *lap*

'Oedd o wedi bod allan neithiwr?'

'Oedd.'

'Wyt ti'n meddwl mai fo wnaeth daro Mrs Roberts?'

Edrychodd Sioned ar Dafydd. Roedd ei llygaid yn goch ac yn wlyb.

'Mae o'n ddyn da, Dafydd.'

'Ydy o?'

'Ydy. Dw i'n gwybod dwyt ti ddim yn meddwl hynny, ond ...'

'Snichyn ydy o, Sioned. Pryd wyt ti'n mynd i weld hynny?'

Yfodd Sioned ei choffi a chodi ar ei thraed.

'Dw i angen hwfro. Wyt ti wedi gorffen dy goffi?'

Gorffennodd Dafydd ei goffi a chodi ar ei draed. Rhoddodd y mŵg i Sioned.

Wrth i Dafydd ac Wmffra gerdded yn ôl heibio'r ceir, ro'n nhw'n gallu clywed sŵn hwfyr.

Pennod 11

Dydd Llun, ar ôl yr ysgol, aeth Dafydd i weld Mrs Roberts. Doedd o ddim yn cael mynd â'r blodau i mewn i'r ward, ond roedd y **grawnwin** a'r siocled yn iawn. Roedd hi'n edrych yn fach, fach ac yn **welw**. Roedd **cleisiau** mawr ar ei thalcen a'i breichiau. Roedd ei chroen fel papur. Roedd tiwb yn ei llaw a phedwar bocs siocledi a grawnwin ar y cwpwrdd bach wrth ochr y gwely.

'Sut dach chi?' meddai Dafydd.

'*Champion*,' meddai Mrs Roberts. 'Ydy Pws yn iawn?'

'*Champion*,' meddai Dafydd, gan ddangos ôl **ewinedd** Pws ar gefn ei law. 'Dal i grafu. Sut mae'r pelfis?'

'Wedi ei **drwsio**. Ond dw i ddim yn cael symud. Ddim hyd yn oed i fynd i't tŷ bach. Mae gen i *catheter*, edrych.'

---

grawnwin – *grapes*

gwelw – *pale*

cleisiau – *bruises*

ewin(edd) – *fingernail(s)*

trwsio – *to repair*

'Ym. Dim diolch,' meddai Dafydd. Roedd o wedi gweld y bag melyn ar stand. 'Pryd gewch chi ddod adre?'

'Dw i ddim yn gwybod eto. Ond dw i reit hapus yma. Mae'r nyrsys yn glên iawn a dw i'n hoffi'r bwyd. Mae'r uwd i frecwast yn fendigedig. Ac mae gen i deledu, edrych. Dw i'n gallu gweld *repeats* S4C i gyd, a *The Great British Bake Off*! Ond mae'r ddynes yma drws nesa i mi yn chwyrnu fel mochyn. Ac mae Miss Ellis dros y ffordd yn wirion iawn. Dementia. Sgrechian drwy'r dydd. Wedi syrthio i lawr y grisiau a thorri ei choes, ond ddim yn gwybod hynny a ddim yn gwybod pam ei bod hi ddim yn cael symud, bechod.'

'Does dim byd yn bod ar eich meddwl chi, nac oes, Mrs Roberts?'

'O, nac oes. Dw i yna i gyd, **'ngwas i**.'

'Ond dach chi'n gallu cofio noson y ddamwain?'

'Hm. Dw i'n cofio 'mod i'n methu cysgu ac ro'n i wedi **penderfynu** mynd am dro – mae'n dda i'r **cricmala**. Roedd hi'n lleuad llawn, noson braf, ro'n i'n gweld popeth yn glir a doedd neb o gwmpas. Mae gen i dortsh pen, ond do'n i ddim angen tortsh i weld. Ia, dw i'n gwybod, Dafydd, "ond mae tortsh yn eich helpu i *gael* eich gweld ..." Dw i'n difaru rŵan! Ond dw i'n cofio dim am gael fy nharo. Dim byd. Dw i'n cofio deffro, ac yn meddwl 'mod i'n cofio sgrech ond ella mai fy sgrech i oedd hi. Neu **sgrech tylluan**. Dw i'n cofio gorwedd yno ar y tarmac, mewn poen, yn methu symud, ac yn meddwl 'mod i'n mynd i farw. Wedyn dw i'n cofio dy weld di a wnest ti fy nghodi i, a fy rhoi i ar y gwair, ond roeddet ti'n od, ddim yn dweud llawer. Wnes i ofyn i ti alw am ambiwlans, a wnest ti ddweud, "Dod rŵan, dod rŵan," a cherdded i

---

'ngwas i – *my boy*

penderfynu – *to decide*

cricmala – *arthritis*

sgrech – *scream*

tylluan – *owl*

ffwrdd. Ond wnest ti ddim dod yn ôl am hir.'

'Mae hi mor ddrwg gen i, Mrs Roberts. Pan dw i'n cerdded yn fy nghwsg, dw i'n cofio dim byd.'

'Dw i'n gwybod. Dw i wedi dy ddal di yn fy ngardd i fwy nag unwaith. Roeddet ti'n trio bwyta fy naffodils i un tro.'

'O, ia,' **chwarddodd** Dafydd. 'Ges i **boen bol** ofnadwy wedyn.'

'Wrth gwrs! Mae daffodils yn **wenwynig**! **Yn beryg bywyd!**'

'Mmm. Does gen i ddim syniad pam wnes i fwyta daffodils,' meddai Dafydd. 'Breuddwydio mai dafad o'n i ella?'

'Dafad wirion felly,' meddai Mrs Roberts. 'Maen nhw'n wenwynig i ddefaid hefyd!'

'Hm. Dw i'n lwcus i fod yn fyw ar ôl yr holl gerdded yn fy nghwsg, dw i'n **cyfadde**. Ond dach chi'n lwcus i fod yn fyw hefyd ...'

'Ydw. A dw i'n lwcus iawn dy fod di wedi dod o hyd i mi. Er i ti gymryd dy amser ...' gwenodd Mrs Roberts. 'Ond **o ddifri**, diolch, Dafydd. Dw i'n hen ond dw i'n dal i fwynhau bywyd a dw i ddim yn barod i farw eto. Dw i isio gwneud y peth Zip 'na gynta.'

'Zip? Ddim Zip World?'

'Ia, hwnna. Mae 'na foi naw deg, hanner **dall** wedi ei neud o, felly, fedra i, dw i'n siŵr.'

'Os ydy'r pelfis yn gwella digon!' chwarddodd Dafydd.

'Twt, dw i ddim yn poeni,' gwenodd Mrs Roberts. 'O, wyt ti isio grawnwin? Mae gen i **winllan** fan hyn.'

Cymerodd Dafydd **hanner dwsin** o rawnwin, a'u bwyta yn araf. Yna, gofynnodd:

chwerthin (chwarddodd) – *to laugh (laughed)*	**cyfadde(f)** – *to admit*
	o ddifri – *seriously*
poen bol – *tummy ache*	**dall** – *blind*
gwenwynig – *poisonous*	**gwinllan** – *vineyard*
yn beryg bywyd – *extremely dangerous*	**hanner dwsin** – *half a dozen*

'Dach chi wedi clywed am Gruffydd ab Iestyn?'

'Y dyn wnaeth ddwyn dy wraig di? Be amdano fo?'

'Mae o wedi cael ei arestio – maen nhw'n meddwl mai fo wnaeth eich taro chi.'

'Gruffydd? Na! Go iawn?'

'Mae *forensics* wedi dod o hyd i olion eich croen a'ch dillad chi ar flaen ei gar o.'

'Y car coch crand 'na? Wel, wel ... y snichyn! Be geith o? Ffein neu **garchar**?'

---

carchar – *prison*

'Wel, mae peidio â stopio a pheidio â rhoi gwybod i'r heddlu am ddamwain yn rhywbeth **difrifol** iawn. Yn enwedig os ydy o wedi brifo rhywun. Mae chwe mis o garchar yn bosib. A ffein. A cholli ei **drwydded**.'

'Nefi blw. Gruffydd ab Iestyn yn y carchar? Wel, wel,' meddai Mrs Roberts gan ysgwyd ei phen. Bwytodd rawnwin, cyn edrych ar Dafydd. 'Aros di funud. Sut wyt ti'n gwybod hyn i gyd?'

'Digwydd gweld un o'r heddlu tu allan jest rŵan.'

'O, wela i,' meddai Mrs Roberts yn **slei**. 'Yr un fach ddel 'na, falle...? Dw i'n iawn?!' meddai wrth weld bochau Dafydd yn **cochi**.

'Digwydd bod,' meddai Dafydd, gan drio rheoli'r cochi. A methu.

'Be ydy ei henw hi hefyd? PC Evans neu Edwards neu rywbeth? Roedd o'n dechrau efo "e".'

'Edwards. Leah Edwards.'

'Gwybod ei henw cynta hi hefyd? Diddorol ...' gwenodd Mrs Roberts. 'Ond os ydy Gruffydd yn mynd i'r carchar, be mae Sioned yn mynd i'w wneud? Wyt ti wedi meddwl am hynny?'

'Mae o'n gallu fforddio **chwip o** gyfreithiwr, felly dw i ddim yn siŵr fydd o'n mynd i'r carchar,' meddai Dafydd. 'Yn anffodus.'

'Wel, gawn ni weld,' meddai Mrs Roberts. 'Wyt ti isio Quality Street? Croeso i ti gael y rhai taffi i gyd – maen nhw'n malu fy **nannedd gosod** i.'

---

difrifol – *serious*	**cochi** – *to blush*
trwydded – *licence*	**chwip o** – *fantastic, brilliant*
slei – *sly*	**dannedd gosod** – *false teeth*

Pennod 12

Daeth Mrs Roberts adre mewn cadair olwyn, ac roedd ei nith yn edrych ar ei hôl hi ar y dechrau, yn coginio iddi, mynd â hi yn ôl ac ymlaen i'r ysbyty ac am sesiynau ffisiotherapi ac ati. Ond roedd Mrs Roberts yn ôl ar ei *zimmerframe* yn gyflym iawn, ac wedi gyrru ei nith adre ar ôl pythefnos. Doedd hi ddim yn cerdded yn rhy bell, ac roedd hi bob amser yn ofalus iawn. Roedd Dafydd ac Wmffra yn dod i gerdded gyda hi yn aml. Dysgodd Dafydd hi sut i wneud Skype gyda'i theulu yn Awstralia a sut i siopa ar-lein gyda fan fwyd Asda.

Roedd y fan Asda'n mynd i dŷ Sioned hefyd. Doedd hi ddim eisiau mynd i'r siopau **lleol** ar ôl i hanes Gruff fod yn y papur newydd, ar y radio ac ar y teledu. Cafodd bedwar mis o garchar, ffein o £2,000 a cholli ei drwydded yrru am chwe mis. Stopiodd Sioned fynd i'r capel a **chylch gwau** Stitch and Bitch wedyn. Diflannodd yr Audi TT RS.

Aeth Dafydd a PC Leah Edwards allan am bryd o fwyd ac i'r sinema fwy nag unwaith, ac aethon nhw am benwythnos i Aberdaron gydag Wmffra a cherdded am oriau ar hyd y llwybrau a'r traethau. Ond roedd Dafydd yn dal i gerdded yn ei gwsg. Deffrodd Leah yn gynnar un bore

---

lleol – *local*

cylch gwau – *knitting circle*

yn y gwesty yn Aberdaron a gweld bod Dafydd ddim yn y gwely, nac yn y stafell molchi. Agorodd y llenni a'i weld yn gwneud *kung fu* yn **noethlymun** ar y traeth. Doedd neb arall o gwmpas am bump o'r gloch y bore, diolch byth. Ar ôl iddi stopio chwerthin, dwedodd Leah wrtho am ei ffrind oedd yn **hypnotydd**.

noethlymun – *naked*

hypnotydd – *hypnotist*

'Ond dw i wedi trio hypnoteiddio o'r blaen a wnaeth o ddim gweithio,' meddai Dafydd.

'Ond mae hwn yn arbennig o dda ac wedi gallu gwella pob math o bethau,' meddai Leah. 'Does gen ti ddim byd i'w golli.'

'Oes. Arian ac amser,' meddai Dafydd.

'Dafydd, plis? I mi?' meddai Leah, gyda llygaid mawr.

Felly aeth Dafydd i weld yr hypnotydd. Doedd o ddim yn teimlo'n wahanol pan ddaeth allan o'i swyddfa, ond bythefnos **yn ddiweddarach**:

yn ddiweddarach – *later*

'Dwyt ti ddim wedi cerdded yn dy gwsg ers sbel rŵan, naddo?' meddai Leah, wrth ddod allan o'r gawod gyda thywel amdani.

Meddyliodd Dafydd am y peth wrth edrych arni'n sychu ei gwallt.

'Naddo, ti'n iawn,' meddai. 'Hei, yn bendant, dw i ddim!' Cododd o'r gwely a dawnsio gyda Leah o gwmpas y stafell. Syrthiodd y tywel. Gwenodd Dafydd a Leah. Roedd hi angen cawod arall wedyn.

Ar ôl brecwast, aeth Leah i'r gwaith, ac aeth Dafydd am dro gydag Wmffra. Wrth basio tŷ Sioned, gwelodd Dafydd arwydd **'Ar Werth'** o flaen y tŷ. Yna gwelodd y drws yn agor a Sioned yn dod allan gyda bocs **ailgylchu**. Rhedodd Wmffra ati a'i gynffon yn troi fel melin wynt, fel arfer.

'Helô,' meddai Dafydd. 'Gwerthu?'

'Ydw,' meddai Sioned. Roedd hi wedi mynd yn dewach. *Comfort eating*, meddyliodd Dafydd.

'Mynd yn bell?' meddai Dafydd.

'Ydw,' meddai Sioned. 'Sbaen. Mae'r tywydd yn well.'

'A neb yn gwybod am dy hanes di a Gruff,' meddai Dafydd.

'Yn hollol.'

Doedd Dafydd ddim yn gallu stopio ei hun. Roedd yn rhaid i'r geiriau ddod allan:

'Wnes i ddeud mai snichyn oedd o, yn do, Sioned?'

Edrychodd Sioned ar y llawr concrit am hir ac yna codi ei phen i edrych ar Dafydd.

'O, Dafydd ... does gen ti ddim syniad!'

'Be wyt ti'n feddwl? Wnaeth o yfed a gyrru a tharo Mrs Roberts a

---

ar werth – *for sale*

ailgylchu – *to recycle*

yn hollol – *precisely*

wnaeth o ddim stopio i weld oedd hi'n iawn! Snichyn dw i'n galw hynna.'

'Na, Dafydd. Wnaeth o ddim.'

'Ddim stopio i weld oedd hi'n iawn? Naddo. Y snichyn slei.'

'Naci, wnaeth o ddim yfed a gyrru, a wnaeth o ddim taro Mrs Roberts.'

'Ha! Wnaeth o gyfadde hynna yn y **llys**! Ro'n i yno!'

'Do, dw i'n gwybod. Ond wnaeth o ddim yfed a gyrru, Dafydd. Roedd o wedi meddwi gormod. Fi oedd yn gyrru.'

Tawelwch.

'Ti?'

'Fi. Ro'n i wedi rhoi lifft iddo fo i'r ganolfan hamdden. Doedd o ddim isio gadael yr Audi yn y dre, rhag ofn i rywun geisio ei ddwyn neu ei grafu. Roedd o i fod i gael tacsi adre, ond wnaeth o fy ffonio i, yn **feddw gaib**, am un o'r gloch y bore.'

'Ac est ti i'w nôl o?'

'Do, yn yr Audi, ac ro'n i'n flin ac wedi blino.'

'Felly ...'

'Ia, Dafydd. Fi darodd Mrs Roberts. Nid Gruff.'

Tawelwch. Edrychodd Dafydd ar Sioned a'i geg ar agor, yn methu credu ei glustiau.

'Ond ...'

'Ro'n i'n gyrru fel ffŵl,' meddai Sioned. 'Ro'n i isio mynd yn ôl i'r gwely. Roedd Gruff yn cysgu'n sownd yn y car a doedd gynno fo ddim syniad 'mod i wedi taro Mrs Roberts. Ar ôl meddwi, dydy o byth yn cofio dim byd. Doedd o ddim hyd yn oed yn cofio mai fi roddodd lifft iddo.'

---

llys – *court*

meddw gaib – *extremely drunk*

'Dw i'n gweld,' meddai Dafydd yn araf. 'Ydy o'n gwybod erbyn hyn mai ti oedd yn gyrru?'

'Nac ydy. Ti'n gweld, Dafydd, dw i wedi cael fy nal o'r blaen am yrru'n beryglus. Ro'n i'n siŵr o fynd i'r carchar y tro hwn – am bum mlynedd, o bosib. Fi! Yn y carchar! Dyna pam wnes i ddim stopio. Ro'n i wedi panicio.'

'Ond mae Gruff yn y carchar!'

'Ydy, ond mae o'n dod allan **cyn bo hir**. Roedd hi'n well fel hyn.'

'Yn well i ti!'

'I ni. I Gruff a fi.'

Roedd gan Dafydd gur pen.

'Wyt ti'n mynd i ddweud wrtho fo o gwbl?' gofynnodd.

'Nac ydw. Dan ni'n mynd i anghofio am y peth a dechrau bywyd newydd yn Sbaen.'

'Ond rwyt ti wedi dweud wrtha i. Be os dw i'n mynd at yr heddlu rŵan?'

'Ia, mae'r blismones a ti yn ffrindiau mawr, dw i'n gweld.'

'Ydan.'

'Ond dwyt ti ddim yn mynd i ddweud wrthi hi – na neb arall.'

'Nac ydw?'

'Nac wyt, Dafydd.'

'Pam ddim?'

'Rwyt ti'n rhy glên, yn rhy garedig. Ti – yn fy ngyrru i i'r carchar? Dw i ddim yn meddwl. Dw i wedi dweud y gwir wrthat ti am 'mod i'n dal i dy garu di, ac mae gen i **ffydd** ynot ti. Dw i isio i ti fod yn hapus, a dw i'n

---

cyn bo hir – *soon*

ffydd – *faith*

meddwl dy fod di isio i mi fod yn hapus. Dw i'n mynd i deimlo'n **euog** am byth. A dyna un rheswm arall dros fynd i Sbaen – dw i ddim yn gallu edrych ar Mrs Roberts.'

Doedd Dafydd ddim yn gallu siarad. Cododd Sioned **ar flaenau ei thraed** a rhoi cusan iddo. Rhoddodd fwythau i Wmffra, ac aeth yn ôl at y drws. 'Edrycha ar ôl dy hun, Dafydd. Ta ta, Wmffra. Edrycha ar ei ôl o.' A chaeodd y drws.

Doedd Dafydd ddim yn gallu symud. Roedd ei ben o'n troi. Doedd o ddim yn gallu credu'r peth. Oedd o'n breuddwydio? Nac oedd. Roedd hyn yn wir. Sioned oedd wedi taro Mrs Roberts! A gadael i Gruff, druan, fynd i'r carchar! Yr hen ast!

Roedd Wmffra yn tynnu ar ei drowsus. Roedd o eisiau mynd am dro – rŵan! Felly aeth Dafydd am dro, heibio'r arwydd 30, heibio lle cafodd Mrs Roberts ei tharo ac ymlaen ac ymlaen. Doedd ei ben o ddim yn troi erbyn hyn.

Aeth adre a chael bath hir.

Daeth Leah yn ôl o'r gwaith.

'Haia, Daf, wyt ti'n iawn?'

'Ydw. Ti?'

'Wedi blino'n lân. Diwrnod prysur. Be amdanat ti? Unrhyw newyddion?'

Meddyliodd Dafydd cyn ateb, yna:

'Na, dim newyddion,' meddai. 'Dim byd o gwbl. Paned?'

---

euog – *guilty*

ar flaenau ei thraed – *on her tiptoes*

GEIRFA

a dweud y gwir – *to tell the truth*
anghofio – *to forget*
ailgylchu – *to recycle*
anadlu – *to breathe*
anaf(iadau) – *injury (injuries)*
annifyr – *unpleasant*
ar flaenau ei thraed – *on her tiptoes*
ar wahân i – *apart from*
araith – *speech*
Ardal y Llynnoedd – *the Lake District*
ar werth – *for sale*

bag chwythu – *breathalyser*
baglu (baglodd) – *to trip (tripped)*
balch – *glad*
bechod – *shame, pity*
blawd plaen – *plain flour*
blodeuog – *flowery*
blynyddoedd – *years*
braster – *fat*
breuddwydio – *to dream*
briw(iau) – *cut(s)*
brysiwch chi wella – *get well soon*
budr – *dirty*
bwystfil – *beast*

cadach – *cloth*
cadair olwyn – *wheelchair*
Caeredin – *Edinburgh*
call – *wise*
canolfan hamdden – *leisure centre*
carchar – *prison*
cariad(on) – *lover(s)*
carreg – *stone*
cleisiau – *bruises*
clustog – *cushion*
cochi – *to blush*
colli – *to miss*
cosb – *punishment*
cricmala – *arthritis*
cripio – *to scratch*
criw o gefnogwyr – *a group of supporters*
crys nos – *nightshirt*
cyfadde(f) – *to admit*
cyfarth – *to bark*
cyfeiriad – *address*
cyflymder – *speed*
cyffwrdd – *to touch*
cylch gwau – *knitting circle*
cymhleth – *complicated*

cyn bo hir – *soon*
cynffon – *tail*

chwerthin (chwarddodd) –
  to laugh (laughed)
chwip o – *fantastic, brilliant*
chwyrnu – *to snore*

dall – *blind*
damwain – *accident*
dannedd gosod – *false teeth*
del – *pretty*
difaru – *to regret*
diflannu – *to disappear*
diflas – *miserable*
difrifol – *serious*
dilyn(odd) – *to follow (followed)*
dillad budron – *dirty clothes*
diolch byth – *thank goodness*
dod i ben – *to come to an end*
dod o hyd i – *to find*
dringo(dd) – *to climb (climbed)*
droriau – *drawers*
druan – *poor, unfortunate*
drych – *mirror*
Dulyn – *Dublin*
dwyn – *to steal*
dwyrain – *east*
dyrnau – *fists*

ddylwn i – *should I*

egluro – *to explain*
ers talwm – *a long time ago*
ers tro – *for a while*
euog – *guilty*
ewin(edd) – *fingernail(s)*

fel y bedd – *as quiet as the grave*

ffôn symudol – *mobile phone*
fforddio – *to afford*
ffydd – *faith*

gafael – *to get hold of*
garddwrn – *wrist*
gast – *bitch*
glanio – *to land*
glin – *lap*
gofalu (gofalodd) – *to make sure
  (made sure)*
gollwng – *to release*
gormod o amser ar eu dwylo –
  too much time on their hands
grawnwin – *grapes*
gwaed – *blood*
gwaedlyd – *bloody*
gwddw – *neck*
gwelw – *pale*
gwella – *to get better*
gwenwynig – *poisonous*
gwinllan – *vineyard*
gwlân – *wool*

gwrych – *hedge*
'ngwas i – *my boy*

haeddu – *to deserve*
hanner dwsin – *half a dozen*
hurt – *stupid, stunned*
hypnotydd – *hypnotist*

i gyfeiriad – *towards*

Jac Codi Baw – *JCB*

lawnt – *lawn*

llachar – *bright*
lleol – *local*
lleuad – *moon*
llwybr – *path*
llydan – *wide*
llyfu – *to lick*
llygaid llo – *pretty, dreamy eyes*
llys – *court*
llysiau – *vegetables*

maddau – *to forgive*
malu – *to destroy*
malwod – *snails*
meddai – *said*
meddw gaib – *extremely drunk*
Merched y Wawr – *Welsh equivalent of the WI*

milgi – *greyhound*
naci tad – *not at all*
newydd gyrraedd – *just arrived*
noethlymun – *naked*

ochneidio(dd) – *to sigh (sighed)*
o ddifri – *seriously*
olion – *marks*

palmant – *pavement*
patshyn – *patch*
penderfynu – *to decide*
penlinio(dd) – *to kneel (knelt)*
perffaith – *perfect*
peryglus – *dangerous*
piso – *to urinate*
planhigion – *plants*
plannu – *to plant*
plât rhif car – *car number plate*
plygu – *to bend*
poen bol – *tummy ache*
pry genwair – *worm*
pwyth(au) – *stitch(es)*

rhag ofn – *in case*
rhegi (rhegodd) – *to swear (swore)*
rhoi mwythau – *to pet (an animal)*
Rhufain – *Rome*
rhwbio – *to rub*

sgrech – *scream*

sgrechian – *to scream*
sgwrio – *to scrub*
slei – *sly*
sloch – *splash*
smotyn – *spot*
snichyn – *creep, horrible person*
snwffian – *to sniff*
sownd – *safe, sound*
stumiau – *poses*

tafarn – *pub*
taflu – *to throw*
talcen – *forehead*
tan – *until*
tarw – *bull*
tawelwch – *silence*
tegan – *toy*
tennyn – *lead*
tocio – *to prune*
troedfedd(i) – *foot (feet)*
troi (trodd) – *to turn (turned)*
troi fel melin wynt – *to turn like a windmill*
trwsio – *to repair*
trwydded – *licence*
tylluan – *owl*
tyst – *witness*
tystiolaeth – *evidence*

ufudd – *obedient*

weithiau – *sometimes*
wrth ei fodd – *delighted*

ymlacio – *to relax*
ymosod ar – *to attack*
ymyrryd – *to tamper, to interfere*
yn bendant – *definitely*
yn beryg bywyd – *extremely dangerous*
yn ddiweddarach – *later*
yn ei gwsg – *in his sleep*
yn glep – *with a bang*
yn hollol – *precisely*
yn waeth na dim – *worst of all*
yn wreiddiol – *originally*
ysgwyd (ysgydwodd) – *to shake (shook)*
ysgwyd ei gynffon – *to wag his tail*
yswiriant – *insurance*